El gobierno de EE. UU. y tú

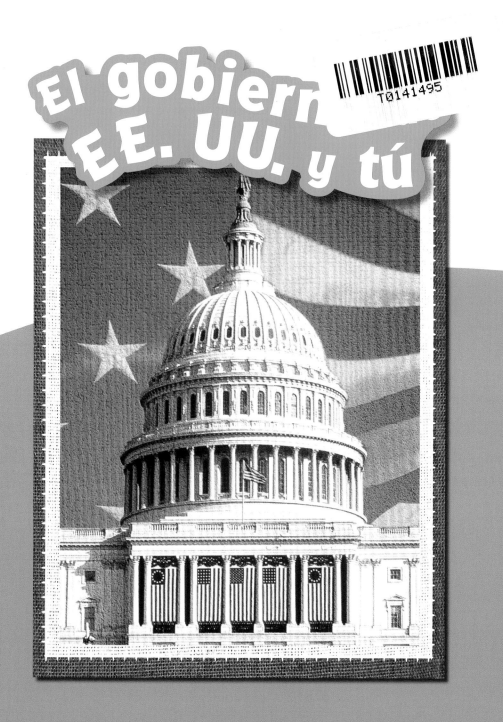

Jennifer Overend Prior, Ph.D.

Asesoras

Shelley Scudder
Maestra de educación de
estudiantes dotados
Broward County Schools

Caryn Williams, M.S.Ed.
Madison County Schools
Huntsville, AL

Créditos de publicación

Conni Medina, M.A.Ed., *Gerente editorial*

Lee Aucoin, *Diseñadora de multimedia
principal*

Torrey Maloof, *Editora*

Marissa Rodriguez, *Diseñadora*

Stephanie Reid, *Editora de fotos*

Traducción de Santiago Ochoa

Rachelle Cracchiolo, M.S.Ed., *Editora
comercial*

Créditos de imágenes: Portada, págs. 1,
4–5, 5, 9, 12, 17 Getty Images; págs. 7,
18, 24–25, 25 Alamy; pág. 19 Associated
Press; pág. 29 (arriba) Frances M. Roberts/
Newscom; págs. 22, 26, 27, 28 iStockphoto;
pág. 15 REUTERS/Newscom; págs. 6–7,
14–15 The Granger Collection; pág. 10
The Library of Congress [LC-USZC2-2444];
págs. 8, 32 Tim Bradley; todas las demás
imágenes pertenecen a Shutterstock.

Teacher Created Materials
5301 Oceanus Drive
Huntington Beach, CA 92649-1030
http://www.tcmpub.com
ISBN 978-1-4938-0538-9

Índice

Los líderes del gobierno se reúnen para hablar sobre nuestro país.

Un buen gobierno

Una persona puede hacer grandes cosas. Pero cuando las personas trabajan unidas, pueden hacer cosas aún más grandes. Un buen **gobierno** ayuda a las personas a trabajar unidas y a convivir. Mantiene seguras a las personas. Y hace las leyes que ayudan a que un país funcione sin problemas.

Los ciudadanos de Estados Unidos votan por sus líderes.

Hay diferentes tipos de gobiernos. El gobierno de Estados Unidos es una **democracia**. Esto significa que los **ciudadanos** de Estados Unidos votan, o eligen, a sus líderes. Los ciudadanos son personas que pertenecen a un país.

La Constitución

Estados Unidos declaró su independencia, o libertad, en 1776. Tuvo que luchar en una guerra llamada la *Revolución estadounidense*. Esta fue una guerra contra Gran Bretaña por la libertad de Estados Unidos. En 1783, Estados Unidos ganó la guerra. Nació un nuevo país.

Los líderes de Estados Unidos redactan la Constitución en 1787.

El nuevo país necesitaba leyes. También necesitaba un gobierno justo. En 1787, los líderes de Estados Unidos redactaron la Constitución. Este **documento** dice cómo debería funcionar el gobierno. Es el principal conjunto de leyes de nuestro país. Señala cómo la gente debería elegir a sus líderes. También explica la cantidad de poder que el gobierno puede tener, y cómo debe funcionar.

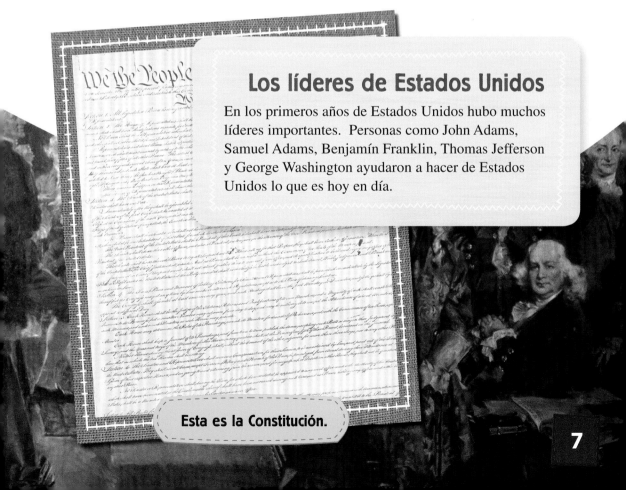

Los líderes de Estados Unidos

En los primeros años de Estados Unidos hubo muchos líderes importantes. Personas como John Adams, Samuel Adams, Benjamín Franklin, Thomas Jefferson y George Washington ayudaron a hacer de Estados Unidos lo que es hoy en día.

Esta es la Constitución.

Las tres ramas

Nuestro gobierno se compone de tres partes llamadas *ramas*. Son como las patas de un taburete. Cada pata es diferente. Pero todas forman parte del mismo taburete. Si se le quita una pata, el taburete no se sostendrá.

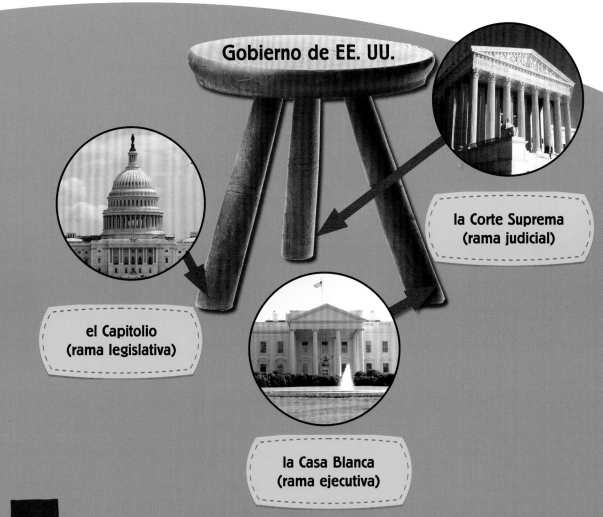

Gobierno de EE. UU.

la Corte Suprema
(rama judicial)

el Capitolio
(rama legislativa)

la Casa Blanca
(rama ejecutiva)

En el gobierno de EE. UU., cada rama equilibra a las otras. Y cada rama se asegura de que las otras hagan bien su trabajo. Cada rama desempeña un papel importante. Pero ninguna de ellas tiene demasiado poder. Las tres ramas son la rama ejecutiva, la rama legislativa y la rama judicial.

De la ciudad al campo

El presidente dirige el país. Un gobernador dirige un estado. Un alcalde dirige una ciudad. Estas personas ayudan a que nuestro país funcione sin problemas.

El alcalde de Nueva York lee un libro a los niños en 2007.

La rama ejecutiva

Cada grupo necesita un líder. Las cosas funcionan mejor cuando alguien está a cargo. Un director dirige una escuela. Un entrenador dirige un equipo. El presidente es el líder de nuestro país. La rama ejecutiva está integrada por el presidente y el vicepresidente.

George Washington fue el primer presidente de Estados Unidos.

La rama ejecutiva se asegura de que las leyes se cumplan. El presidente aprueba nuevas leyes. Toma decisiones importantes para el país. El vicepresidente se convierte en presidente si este no puede hacer su trabajo.

Cada cuatro años

Los estadounidenses votan por un presidente cada cuatro años.

Esta es la Casa Blanca. El presidente vive y trabaja aquí.

La rama legislativa

Los ciudadanos necesitan personas que los representen en el gobierno. Así que votan por **representantes**. Ellos se aseguran de que el gobierno satisfaga las necesidades de los ciudadanos. Los representantes conforman la rama legislativa.

Esta es una reunión del Congreso.

La rama legislativa tiene dos partes. Son el Senado y la Cámara de Representantes. Juntos, se les llama Congreso. El Congreso escribe las leyes. Una nueva idea para una ley se llama *proyecto de ley*. Un cierto número de representantes necesitan votar por un proyecto de ley. Entonces, el proyecto de ley se envía al presidente para su aprobación.

El presidente Roosevelt firma un proyecto de ley en 1936.

La rama judicial

El Congreso tiene mucho cuidado al redactar nuevas leyes. Pero a veces es difícil saber cuándo una ley es injusta o cuándo se ha quebrantado. La rama judicial se asegura de que las leyes sean justas.

La Corte Suprema de Justicia

La Corte Suprema es la corte superior de Estados Unidos. Esto significa que todas las cortes del país tienen que seguir sus decisiones. Los jueces de la Corte Suprema se llaman *magistrados*.

Este es el interior de la Corte Suprema.

La rama judicial está integrada por **jueces**. Su trabajo consiste en escuchar argumentos sobre las leyes. Ellos deciden cuándo se quebrantan las leyes. También se aseguran de que las leyes sigan la Constitución.

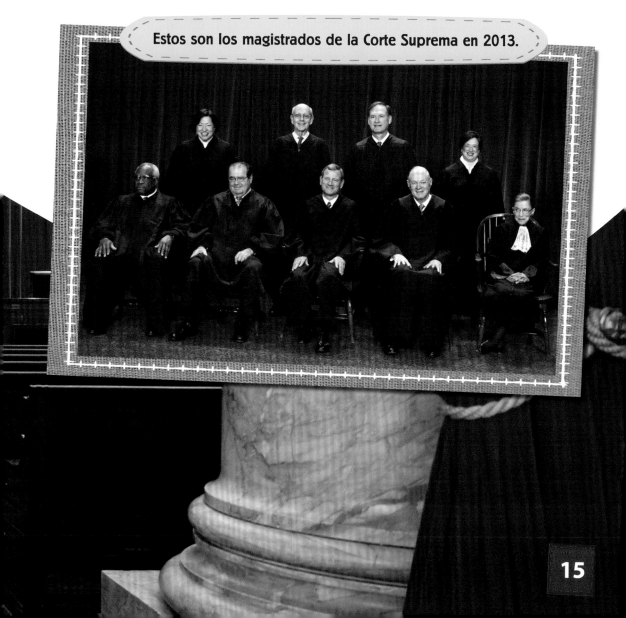

Estos son los magistrados de la Corte Suprema en 2013.

Las leyes nos ayudan a mantenernos seguros en la carretera.

Las leyes

Imagina que no hubiera leyes. Si no hubiera leyes, entonces no habría ningún orden. La gente podría tomar malas decisiones. Las leyes dicen qué tan rápido pueden ir los autos y la edad que debe tener una persona para votar. Las leyes ayudan a proteger a las personas y a que permanezcan seguras. Es importante que las personas sigan las leyes.

Este agente de policía escribe una multa para alguien que no ha seguido la ley.

El gobierno se asegura de que las leyes se cumplan. También decide cuáles son las **consecuencias** si la gente no sigue las leyes. Las personas podrían tener que pagar multas. Esto significa dar dinero al gobierno. O podrían tener que pasar tiempo en la cárcel.

Servicios del gobierno

El gobierno ofrece muchos servicios. Estos servicios están abiertos al público. Esto significa que todo el mundo puede usarlos. El gobierno paga por muchas escuelas, bibliotecas y parques.

Estos niños ven un espectáculo de títeres en la biblioteca pública.

Los estudiantes pueden aprender de forma gratuita en las escuelas públicas. Las personas pueden leer libros en una biblioteca pública sin costo alguno. Los niños pueden jugar en un parque público sin tener que pagar por ello. Estos servicios son para el uso de todas las personas de una comunidad.

Estos trabajadores están construyendo un parque público.

Estos bomberos apagan un incendio en un edificio.

Los servicios de **emergencia** también son pagados por el gobierno. Estos incluyen agentes de policía y bomberos. Si estás en peligro, puedes pedirles que te ayuden. Ellos mantienen seguras a las personas.

Estas personas usan el transporte público.

El **transporte** público es también un servicio del gobierno. El transporte público incluye autobuses y trenes. El gobierno también paga por las carreteras y vías por las que circulan los autobuses y trenes.

Impuestos

Todos estos servicios públicos cuestan dinero. En casi todos los estados, la gente paga impuestos por las cosas que compra. Por ejemplo, si compras un libro, puedes pagar unos centavos adicionales en impuestos. Ese costo adicional es un impuesto. Este dinero va al gobierno para pagar el costo de los servicios.

Pagamos impuestos por las cosas que compramos; los libros son un ejemplo.

Todo adulto que gane dinero paga impuestos. Los impuestos hacen que las cosas cuesten más dinero. Pero con los impuestos se pagan muchas cosas que usamos todos los días.

Los impuestos pagan la reparación de carreteras.

Cada voto cuenta

En Estados Unidos, elegimos a los líderes de nuestro gobierno al votar. Las personas que reciben el mayor número de votos ganan. Se convierten en líderes. Ellos representan a los ciudadanos de nuestro país. Los ciudadanos mayores de 18 años pueden votar.

Estos ciudadanos están votando.

Es importante que cada ciudadano vote. Votar nos permite elegir a las personas que tomarán las decisiones para nuestro país. Si a las personas no les gustan las decisiones que toma un líder, pueden votar por otro.

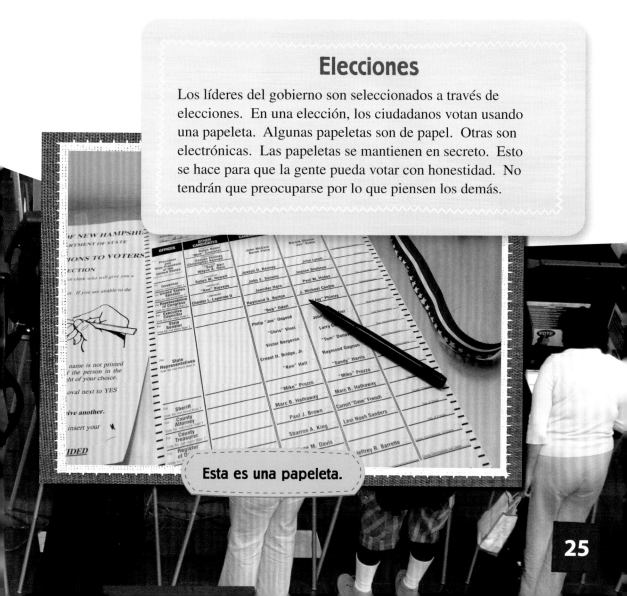

Elecciones

Los líderes del gobierno son seleccionados a través de elecciones. En una elección, los ciudadanos votan usando una papeleta. Algunas papeletas son de papel. Otras son electrónicas. Las papeletas se mantienen en secreto. Esto se hace para que la gente pueda votar con honestidad. No tendrán que preocuparse por lo que piensen los demás.

Esta es una papeleta.

Tal vez seas demasiado joven para votar. Pero eso no significa que eres demasiado joven para hacer la diferencia. Habla con tu familia. Averigua lo que piensan del gobierno. Asegúrate de que los adultos que conoces se preparen para votar. Diles por qué es importante votar.

Esta niña ayuda a otras personas al darles cosas que necesitan.

Hay muchas maneras de ser un buen ciudadano. Aprende acerca de los servicios que son importantes para ti. Sigue las leyes de nuestro país. Ayuda a los necesitados. Los buenos ciudadanos pueden formar un gran país.

Estas personas ayudan a mantener su comunidad limpia recogiendo basura.

¡Inténtalo!

¡Participa! Haz una lista de tres cosas que puedas hacer para ser un buen ciudadano. Comparte tu lista con tus padres. Pide a un adulto que te ayude a hacer una cosa de tu lista.

Estas niñas ayudan a una anciana a hacer compras.

Estos niños plantan un nuevo jardín en su ciudad.

Este niño recicla.

Glosario

ciudadanos: miembros de un país o lugar

consecuencias: resultados o efectos de las acciones y elecciones de una persona

democracia: una forma de gobierno en que las personas eligen a sus líderes por medio del voto

documento: un escrito oficial que ofrece información sobre algo

emergencia: una situación inesperada y generalmente peligrosa que requiere ayuda urgente

gobierno: un grupo de líderes que toman decisiones para un país

jueces: personas que tienen el poder de tomar decisiones en casos presentados ante una corte de justicia

representantes: personas que actúan o hablan en nombre de otra persona o grupo

transporte: autos, camiones, autobuses y otros vehículos en movimiento

Índice analítico

¡Tu turno!

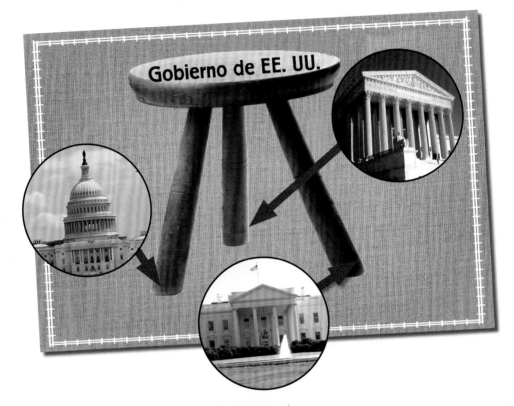

Gobierno de EE. UU.

Tres ramas

En este libro aprendiste sobre las tres ramas del gobierno: la rama ejecutiva, la rama legislativa y la rama judicial. Comparte con un amigo algo que aprendiste de cada rama de nuestro gobierno.